Cantar a Jehová Cántico Nuevo Cánticos, Coros y Poemas

Adelina Matos

Compre este libro en línea visitando www.trafford.com/08-1062
o por correo electrónico escribiendo a orders@trafford.com

La gran mayoría de los títulos de Trafford Publishing también están disponibles en las principales tiendas de libros en línea.

Diseño del libro Adelina Matos

Aviso a Bibliotecarios: La catalogación bibliográfica de este libro se encuentra en la base de datos de la Biblioteca y Archivos del Canadá. Estos datos se pueden obtener a través de la siguiente página web: www.collectionscanada.ca/amicus/index-e.html

ISBN: 978-1-4251-8556-5

En Trafford Publishing creemos en la responsabilidad que todos, tanto individuos como empresas, tenemos al tomar decisiones cabales cuando estas tienen impactos sociales y ecológicos. Usted, en su posición de lector y autor, apoya estas iniciativas de responsabilidad social y ecológica cada vez que compra un libro impreso por Trafford Publishing o cada vez que publica mediante nuestros servicios de publicación. Para conocer más acerca de cómo usted contribuye a estas iniciativas, por favor visite:http://www.trafford.com/publicacionresponsable.html

Nuestra misión es ofrecer eficientemente el mejor y más exhaustivo servicio de publicación de libros en el mundo, facilitando el éxito de cada autor. Para conocer más acerca de cómo publicar su libro a su manera y hacerlo disponible alrededor del mundo, visítenos en la dirección www.trafford.com/4501

www.trafford.com/4501

Para Norteamérica y el mundo entero
llamadas sin cargo: 1 888 232 4444 (USA & Canadá)
teléfono: 250 383 6864 • fax: 250 383 6804
correo electrónico: info@trafford.com

Para el Reino Unido & Europa
teléfono: +44 (0)1865 487 395 • tarifa local: 0845 230 9601
facsímile: +44 (0)1865 481 507 • correo electronico: info.uk@trafford.com

10 9 8 7 6 5 4 3

Reconocimiento

Quiero agradecer al Padre Celestial, al Hijo y al Espíritu Santo, por la guianza y la inspiración para yo escribir este libro.

Introducción

Querido lector

Doy gracia al Todopoderoso, porque me ha inspirado a escribir estos cánticos poemas y coros. Usted querido lector puede desarrollarlos de la manera que Dios le dirija. Porque verdaderamente el único que tiene la letra, la música y la dirección es Dios. Espero que al leer estas inspiraciones usted sienta el Espíritu Santo y que usted reciba una bendición especial. Es maravilloso poder sentir la presencia de Dios en nuestras vidas y poder vivir rectamente, como el Padre lo ha establecido y como su Hijo nos ha dado entendimiento. 1Jn.5.20; Jn.7.16; Jn.17.3;17 Ro.3.31 Esta es una herramienta útil, en medio de las pruebas y tribulaciones, para cantar a Jehová cántico nuevo porque èl es nuestro amparo y nuestra fortaleza nuestro pronto socorro en las tribulaciones.

Dedicación

A toda mi familia Molina Robles y Matos. Mis padres fueron José Molina Negrón y Maria Robles Ortiz. Mis hermanos Guillermo, José Luís y Juan Andrés. Mis hermanas Emerita, Carmen, Julia E., Felicita, Maria, Antonia y Juana Margarita la cual esta durmiendo esperando al Señor Jesús. A todos mis sobrinos y sobrinas. Mis hijos Lourdes Y. y Eduardo. Mis nietos Adelyn Y. Joshua C. y Jasmine S. Y a de mas esta dedicatoria se extiende a mi querido esposo Carmelo Matos que es un esposo ejemplar y un buen padre y abuelo y a toda su familia. Doy gracias a mi Dios por toda mi familia. Dios los cuide, Dios los guarde y los proteja y que cuando Cristo venga por su iglesia todos sean salvos.

Parte de mi Testimonio

Quiero expresar en él nombre de mi Salvador Jesucristo lo que Dios le ha placido que yo escriba. Yo soy una humilde sierva del Señor Jesús. El me salvo y me rescato cuando yo andaba perdida en este mundo de pecado y de dolor. Estuve en toda la renovación de la Iglesia Católica, era Cursillista, Carismática y en los Encuentros Matrimoniales esto eran cosas muy buenas porque era una búsqueda que siempre tenia mas deseo de estar reunida con los grupos para saber mas de Dios aprender como yo agradarle a él. En Marzo 3 de 1975 en el cual mi vida empezó a cambiar. Yo vi, una escalera que subía al cielo ángeles bajaban y ángeles subían estuve toda la noche con este sueño. Cuando fui a la reunión de los Carismáticos conté mi sueño y la hermana Maria que es una monja, me dijo que eso era que yo me acostaba con mi estomago muy lleno y por eso tuve este sueño. Nadie hizo ningún comentario continuo la reunión. Pasó el tiempo y en Octubre 8 1975, estuve otro sueño. Soñé que estábamos reunidos cogidos de las manos orando y de momento nos fuimos elevando para arriba nos íbamos subiendo para el cielo, yo mire hacia abajo y vi. La tierra en fuego todo estaba ardiendo Volví a la reunión de los Carismáticos, la hermana Maria me dijo que no comiera de noche. Yo le conteste, yo no como de noche. Entonces ella me dijo que tomara un bazo de leche antes de acostarme y que no pensara en nada. No le conteste y continuamos con la reunión. Verdaderamente yo no conocía a Dios, ni ha su palabra. Porque solamente rezábamos el rosario, oramos simples oraciones y se leía la Biblia muy poco. Doy gracias a mi Dios por mi hermana Isabelita Lugo, esposa del Hno. Juan Lugo fundador de la primera Iglesia Pentecoatal en Puerto Rico. La hna. Isabelita, era un sierva del Señor Jesús de la iglesia Pentecostal. Un día fui a la Iglesia de Dios a una clase de la Escuela Dominical la hermana Isabelita era la maestra y después que termino la clase yo hable con ella y le conté mis sueños y ella medio la explicación. Me dijo hermana ese sueño tiene un gran significado eso es que Dios la esta llamando como llamo a Jacob. Ese sueño es bíblico y esta en Génesis 28.12, continuo diciéndome hermana ore para que Dios la capacite para el trabajo que él tiene para usted. El otro sueño se encuentra en 2 Pedro 3.7 Gracia doy a Dios por rebelarse a mi vida en sueños. Porque tengo muchos mas sueños y revelaciones, porque todos son basados en la palabra. El me los da por capítulos y versículos. Dios le ha placido darme su palabra. Con todo lo que Dios me ha rebelado puedo escribir barios libros. Muchos dicen que los sueños no son verdaderos. Yo puedo testificar y escribir que mis sueños son verdaderos. Y que lo que yo escribo es la verdad rebelada a mí de parte de Dios por el Espíritu Santo. Dios en todos los siglos ha llamado a hombres y a mujeres a llevar su mensaje de salvación. Desde

1975 hasta hoy 2008, a Dios le ha placido a llamar esta humilde sierva del Señor Jesús a predicar las buenas nuevas de salvación y esto es lo que yo estoy haciendo. Doy gracias al Señor Jesús porque él pago el precio por mis pecados. Puedo testificar que yo no tengo pasado, porque El tuvo misericordia de mi sepulto mis iniquidades y las hecho en la profundo de la mar y no se vuelve a recordar. Miqueas 7. 19, Isaías 38. 17, 43. 25, Jeremías 31. 34 En el presente estoy haciendo lo que El a puesto en mi corazón. Apartándome para él, sirviéndole como él dice en su palabra en espíritu y en verdad. Llevando su palabra sin quitarle ni añadirle y buscando las cosas de arriba porque las de más cosas vienen por añadiduras En febrero 21- 2001, soñé con el libro de Judas que yo lo estaba leyendo a multitudes y lo estaba explicando. Con este me ha confirmado Dios que el llamado que yo tengo es de El y que tengo que llevarlo a todo el mundo. Muy pronto va ha venir el Señor Jesús por su iglesia y el pueblo de Dios no esta preparado para lo que viene. Viene una gran tribulación y los escogidos de Dios van estar en ella. Pero a sus escogidos guardara Dios Mateo 24.22, 30, 31, Los que guardad los mandamientos de Dios y tienen el testimonio de Jesucristo. Los santos salidos de la gran tribulación Ap. 7. 9-17; Ap.12.17; Ap.14.12; Ap.1.2-3 Por esto es que Dios me ha dado su mensaje para que yo le de la voz de alerta a su pueblo. Mí querido lector tengo mucho mas que dar de mi testimonio, quizás algún día are otros libros si el Señor Jesús me lo permite que yo escriba las maravillas que él me ha dado. Al Padre, Jehová en Ingles, Jahweh en Hebreo, al Hijo, Jesús, Jesucristo,

Cristo, en Ingles y en Español Yahsua en Hebreo. Sea en Ingles, sea en Hebreo o en otros idiomas, después que usted tenga un corazón contristo y humillado a los pies de Jesús obedeciendo la palabra la cual El nos trajo entendimiento. 1 Jn. 5. 20; Si amamos a Jesús tenemos que guardar los mandamientos Jn.14. 15; 15. 10; Jn.17. 3; Este es el entendimiento que Jesús nos a dado a conocer al Padre y tenemos que obedecer todo desde Génesis asta Apocalipsis para entrar a la vida eterna.

Yo le doy gracias porque el conmigo a hecho maravillas. Mi Dios ha puesto su tesoro en mi corazón y en mis manos; para que yo se lo lleve y lo envié a todo el mundo. Hoy día puedo testificar que gracias a Dios: Por el correo postal y electrónico, puedo enviar su palabra en tratados a todas las iglesias y a todo el mundo. Unos la reciben con gozo y a otros no le gusta. Yo me pregunto a: ¿Qué Dios esta gente le sirve? Que no quieren aceptar la doctrina (enseñanza) de Jesús, que es la palabra del Padre. Porque yo escribo la palabra sin quitarle ni añadirle, como dice en Ap. 22. 18-19 Doy gracias a Dios por tocar el corazón del Sr. Eddie Ramírez, Director de la oficina en Hudson Valley Division del periódico El Sol de New York. Y al Sr. Ramón Soto Executive Editor del periódico. Estoy bien agradecida de ellos y a todo el equipo por darme la oportunidad de que yo sea una de las Columnista de poder escribir la palabra de Dios, le pido a Dios que los siga bendiciendo tanto al periódico como a toda su familia. Les multiplique el 100% Le doy la gloria y la honra a mi Salvador Jesucristo por escoger en este tiempo tan difícil a esta sierva para escribir estudios en tratados y también escribir su palabra en el periódico, El Sol de N. Y. Gracia Padre, gracias Hijo, gracias Espíritu Santo, por su gran bondad y misericordia, para con migo. Espero seguir asía delante hasta que Cristo venga siendo fiel hasta la muerte y recibir la corona de la vida. Ap. 2. 10

La paz y la bendición del señor Jesús se ha con usted.

Ministro Adelina Matos

P. O. box 2919

Newburgh N. Y. 12550

Indice

A MI SEÑOR CELESTIAL

A mi Señor Celestial, dime porque Señor
Alguna gente dice, que me tiene miedo a mí
Si lo único que yo ago, es yo gozarme en ti.

Tú me escogiste a mí, cuando yo andaba perdida.
Y tú me diste tu mano, y yo me sujete de ti.

Todo lo que tú has hecho, es cambiar mi vida.
Y yo con humildad, te he entregado, mi pobre corazón.

Desde que estoy con tigo, me siento bien cambiada.
Y como tu Hijo Jesucristo, bien dijo, que daba testimonio del Padre.
A si que yo también doy testimonio, de lo que tú has hecho por mí.

Estudio tu palabra, desde que te conozco
Y como todo lo que recibo de ti es bueno,
Yo se lo doy a todos mis hermanos.
Algunos me comprenden, otros no me comprenden.

Permítame citar las palabras, que dijo Jesús, este mensaje no es mío,
Si no del Padre que me envió.
Pues yo digo en el nombre tuyo, que yo no me quiero glorificarme,
Si no te honro a ti y te doy gloria y alabanza
Porque tu me amas y no me dejaste perdida,
Tu me distes tu amor y tu ayuda, cuando yo la necesite.

Yo estoy dispuesta Padre, ayudarte a renovar la tierra
Para cuando Cristo venga de nuevo todo este perfecto
Como era en los tiempo de Eva y Adán.

Espero Padre que tú me ayudes, en las buenas y en las malas
Que me llenes de fortaleza, con el Espíritu Santo
Para seguir hacía delante predicando tu palabra.
Que es un manantial de aguas vivas, que nos lleva a la vida eterna.

A LAS MADRES

A las madres hoy yo saludo,
Con un saludo especial.
Pidiéndole al Dios Eterno
Que le de muchos años mas de vida.
Hijo tu que tienes madre,
Cuida de ella y ámala mucho
No dejes que ella este triste
Por los problemas tuyos.

A ti Dios te bendice,
Si tú obedece a tu madre,
Ledas cariño y amor
Como ella se merece.

Madres tan buenas y tan dulces
Que son las madres Cristianas.
Se esfuerzan ellas noche y día,
Porque sus hijos sean los discípulos de Cristo.
En el día de mañana.

ADORO A CRISTO

Adoro a Cristo, el amado.
Adoro la sangre desramada,
En la cruz del calvario.
Adoro todo lo que el hizo.
El lo hizo por amor a mi alma,
La cual andaba perdida
Y ahora Cristo la ha rescatado.

Adoro, adoro a Cristo
Con todo mi corazón
Quiero invitarle a la gente,
Que se arrepientan y vengan a El.

Porque pronto El vendrá
A buscar las almas que estén arrepentidas
Que estén viviendo en santidad.

A MI NIETA ADELYN

Hay que cosa linda yo tengo.
Que Dios me la bendiga,
Que Dios me la proteja.

Hay que cosa linda yo tengo.
Una nieta maravillosa.
Que Dios me la bendiga,
Que Dios me la proteja.

Adelyn tu eres preciosa.
Que Dios a ti te bendiga,
Que Dios a ti te proteja.

Que siempre seas muy buena
Y Cristo te proteja.
Que vivas en santidad
Y tengas vida eterna.

A MI ME GUSTA ALABAR A DIOS

A mi me gusta alabar a Dios,
Porque El solo me da salvación.
El es bueno es mi redentor.
Y por siempre yo le alabare.

Hay que bueno es mi Jesús,
Que por mi quiso morir.
Yo siempre le alabare,
Con todo mi corazón.
Se le fiel siempre seré
Hasta que El venga por mí.

A MI ME GUSTA ALABAR A CRISTO

A mi me gusta alabar a Cristo,
Con todo mi corazón.
A mi me gusta alabar a Cristo,
Porque el me dio la salvación.
Con su pura sangre lavo mis pecados
Y también toda mi sed.
Hay que bueno es sentirse limpio,
Gloria a Dios aleluya.
Que viva Cristo que viva El.

ALABAR AL CORDERO DE DIOS

Alabar al Cordero de Dios,
Que quita el pecado del mundo.
Alabarle, alabarle,
Alabar a nuestro Dios.

El cordero de Dios, es Jesucristo.
Es nuestro salvador
Que quita el pecado del mundo.
Con su preciosa sangre derramada,
En la cruz del calvario.

Si el pecado es rojo como la grana,
El lo deja blanco como la nieve.
Ven lávate en su sangre y limpio serás.

CRISTO ES MI ROCA

A mi me gusta alabar a Cristo.
Porque es mi Salvador,
Yo le alabo con toda mi alma
Y también de corazón.

Cristo es mi roca, mi fortaleza.
Es mi refugio en la tribulación.
Oh gloria, aleluya
Aleluya gloria a Dios.

DICES QUE TU AMAS

Tú dices que tú amas de corazón.
Tú dices que tú amas con sinceridad.
Tú dices que tú amas con puro amor.

Yo te digo que si haces la voluntad de Dios,
El te corma de dulzura y de mucho, mucho amor.
Demoles al mundo entero a conocer,
Esa gracia que viene de nuestro Dios.

Ese amor que es sincero, cariñoso y es eterno
No hay nada en este mundo que lo pueda igualar.

Unámonos hermanos, unámonos ya.
Que Cristo viene pronto y nos viene a rescatar.

Entrégate ahora, entrégate ya,
No dejes para mañana que la puerta se puede serrar.

DIOS ES NUESTRO AMPARO

Dios es nuestro amparo, nuestra fortaleza,
Nuestro pronto auxilio en la tribulación.
A si que mi hermano, si tu vez problema,
Sigue a Jesucristo nuestro Salvador.

No mires a los hombres, no les sigas a ellos,
Sigue a Jesucristo que nos rescato.

DESPIERTATE TU QUE DUERME

Despiértate tú que duerme,
Levántate de los muertos,
Despiértate tú que duerme,
Levántate de los muertos.

Que Cristo te ha dado vida,
Te ha dado vida para tu vivir.
Que Cristo te ha dado vida,
Te ha dado vida para tu vivir.

DEMOS LA GLORIA A DIOS

Demos la gloria a Dios,
Que fue El único que nos Creo.

Demos la gloria al Hijo,
Que fue el único que nos salvo de la condenación.

Demos la gloria al Espíritu Santo,
Porque nos guía a toda verdad.

Al Padre, al Hijo, al Espíritu Santo
Estamos dando gracias, por nuestra redención.

EL SEÑOR

El Señor, el Señor, el Señor nos va a salvar. 2 veces
Si le entregamos a El, alma, vida y corazón.
Unacen todos hermanos vamos todos alabar,
Porque tenemos a Cristo que nos dio la libertad.

Demos gloria y alabanza a Cristo nuestro Señor
Que ha subido para el cielo
Y nos ha dejado su Espíritu Santo.2 veces

ESTOY SIGUIENDO A MI JESUS

Estoy siguiendo a mi Jesús,
Por el camino que El trazo.
Llevando al pobre pecador,
El mensaje de salvación.

Y velare en ayuno y oración
Hasta que el venga por mi.

ESTE FUEGO ARDIENTE

Este fuego ardiente quien lo apagara,
Quien lo apagara, quien lo apagara.

Jesús me lo ha dado para yo vencer,
Para yo vencer, para yo vencer.

Vendrá toda prueba la resistiré,
La resistiré, la resistiré.

Espíritu Santo mi fortaleza es,
Mi fortaleza es, mi fortaleza es.

ESTA ES LA UNCION

Esta es la unción, esta es la unción,
Que bajo del cielo.
Que lleno mi alma y mi corazón.

Espíritu Santo santificador,
Trasformo mi alma,
La lleno de amor.

EN EL PECADO

En el pecado siempre viví.
Hasta que Cristo vino por mí.
Lavo mi alma con su preciosa sangre
Y mis pecado El perdono.

Hoy vivo alegre, gracias a mi Cristo.
El me ha dado gozo, paz y salvación.
El me ha prometido la vida eterna,
Si yo le sigo en espíritu y en verdad.

Pronto Cristo viene a buscar su iglesia.
Que obedece su palabra
Y le espera en santidad.

ESTANDO EN LA ROCA

Estando en la roca siempre,
Estando en la roca siempre,
Tú tendrás la bendición.

La roca es el Cristo de la gloria,
La roca es el Cristo de la gloria,
Que te dará la salvación.

Estando en la sombra siempre,
Estando en la sombra siempre,
Hay tendrás la bendición.

La sombra es el Espíritu Santo,
La sombra es el Espíritu Santo,
El cual nos guía a toda verdad.

El AMOR

El amor que Jesús me ha dado
Es el amor, el amor derramado,
En la cruz del calvario por ti y por mi.

Oh pecador, ven a Jesús,
El te perdonara, te salvara y sanara
Esa tristeza que en tu alma esta.

ESTE PRECIOSO DIA

Este precioso día que vino Cristo a mi corazón.
Es el día más feliz de mi vida
Hay que bueno es sentir la paz en mi corazón.
El Cristo de la gloria lleno mi alma lleno mi sed.

No mas pecado, no mas tristeza en mi corazón.
Cristo los ha borrado y me ha llenado de su poder.
El Espíritu Santo mi guía y mi fortaleza es.

Esa preciosa sangre que Cristo ha dado por ti y por mí.
Amigo no la desprecie acepta ha Cristo y sed feliz. .
La corona de vida eterna el te dará.
Si tú le sigue en espíritu y en verdad.

ESPERA UN POCO

Espera un poco, un poquito mas
Que ya mi Cristo, mi Cristo vendrá
Si tu le espera, en espíritu y en verdad
La vida eterna Cristo te dará.

Hablarle a las almas, Hablarle de Cristo
Predica la Palabra, a tiempo y fuera de tiempo
Porque los tiempos anuncian que Cristo viene ya.

Guerra, rumores de guerra
Hijos contra padres, padres contra hijos
Enfermedades y dolor, por donde quiera.
Esto nos esta anunciando que nos guardemos en Cristo.
Prepárate hermano, prepárate amigo
Aléjate del pecado, y vive en santidad
Vive en la doctrina de Cristo y en los mandamientos del Padre
Cristo nos dice; Si me amáis guardad mis mandamientos
¿Quieres vida eterna? Tienes que obedecer a Cristo.

EL DIABLO ESTA ENOJADO

El diablo esta enojado, porque yo hablo de Jesús
Porque Jesús es el único, que nos da la salvación.
Le digo a los pecadores, que se tienen que arrepentir
De su vida mundana, y aceptar a Jesucristo si al cielo quieren ir.

El diablo a mi me dice, siéntate tu ahí
No salgas para afuera a buscar las almas
Yo lo reprendo en el nombre de Jesús, yo no voy estar callada
Yo tengo un llamado de mi Cristo Jesús
De predicar la palabra, el mensaje de salvación
Para que todas las almas vengan a los pies de Jesús.

Así que te ato diablo, te ato y te hecho fuera
En el nombre de Jesús, porque es mas grande
El que esta con migo, que el que esta a fuera
Si Jesús esta con migo yo no te tengo miedo.

Yo siguiere predicando a las almas de Jesús y su palabra
Que son palabras de aguas vivas que nos lleva a la vida eterna.

ES PUES LA FE

Es pues la fe, la certeza de lo que se espera
La convicción de lo que no se ve
Nuestro acceso a Dios es la base de nuestra fe
Porque somos justificados por gracia
Mediante la redención que es en Cristo Jesús.

Cristo Jesús es el Salvador del mundo
Para salvar al más vil pecador
Ven a Cristo Jesús el autor de la vida
Y consumador de la fe,
En El solo encontraras salvación y vida eterna.

EL SEÑOR JESUS

El Señor Jesús nos ha llamado
A partarnos del pecado y dejar el mundo atrás
Los pecados son, las obras de la carne que son.

Adulterio, fornicacion inmundicia, lascivia, idolatría,
Hechicería, enemistades, pleitos celos, ira, contiendas,
Disensiones, herejías, envidias homicidios,
Borracheras, orgías mentiras, pasiones vergonzosas
Mujeres con mujeres, hombres con hombres.

Los que practican tales cosas, no heredarán el reino de Dios.
Ven pecador, ven a Jesús, con un corazón contristo y humillado
Acepta su doctrina, vive sus mandamientos, sin quitarle ni
añadirle.
El te perdonara y vida eternas tendrás en El.

ESTE ES EL PODER

Este es el poder, Este es el poder
Que bajo del cielo, y se esta moviendo en mi corazón.

Espíritu Santo, Espíritu Santo
Tú eres el poder que Jesús envió.
Espíritu Santo, Espíritu Santo
Tú eres el poder que Jesús envió.

EL HOMBRE Y LA MUJER

Si ustedes siguen unidos, bajo la mano Dios
Tendrán un futuro brillante, lleno de paz y amor.
Lo que ustedes pidan al Padre, en el nombre de Jesús
El se lo concederá, porque así lo prometió.

El hogar que ustedes tienen, esta fundado en amor.
Sigan siempre hacia delante, en las pruebas y en el dolor
Porque todo lo podrán en Cristo que los fortalece.

Del amor que ustedes se tienen, los frutos los verán pronto.
Serán hijos victoriosos, porque su cuna esta en Cristo.
Sobre el hogar de ustedes, reine la paz y el amor.
Una familia que ora junta, permanece junta.
Padre, Madre, hijos unacen en el amor de Dios.

ENSALADA PARA SANTIFICARTE

1-Acepta a Jesucristo, como único Salvador.
2-Acepta su palabra desde Génesis hasta Apocalipsis.
3-Persevera en la doctrina de Cristo y en sus mandamientos.
4-Acepta el Sábado como único día de reposo.
5-Ora en la mañana, y todas las veces que se te haga posible.
6-Ten una comunión intima con, El Padre, El Hijo y El Espíritu Santo.
7-Aléjate del pecado y vive una vida agradable a Dios.
8-Sed luz en medio de las tinieblas, brilla en el sitio donde estés.
9-Pide en oración a Dios que debes de dejar para agradarle a El.
10-Pide entendimiento y sabiduría.
11-Bautízate en las aguas en el nombre de Jesús.
12-No hagas lo que hacia antes, las cosas viejas pasaron todas son hechas nuevas.
13- Mantente firme, con gozo, paz y templanza,
14- Buscando cada día las cosas de arriba.
14- Seguid la paz con todos y la santidad sin la cual nadie vera al Señor.

PREPARACION
Mezcla todo uno a uno, saboreando cada uno.
En todo momento, en todo instante, cada mañana,
Cada tarde, cada noche, todos los días de tu vida.
Hasta que Cristo venga y te de la vida eterna.

HAY QUE CANTAR

Hay que cantar, hay que reír
Para Jesucristo hay que vivir.
Hay que cantar, hay que reír
Para Jesucristo hay que vivir.

Jesucristo es el Salvador
Que dio su vida, por ti y por mí
Cantemos junto nuestra alabanza
Y demos gracia a nuestro Salvador.

HOMENAJE A MI HIJA

Hoy celebras muy contenta, tus dieciséis años de vida
Has sido una buena hija, de mis amores
Tu comportamiento y obediencia para nosotros tus padres
Han hecho que nosotros te ofrezcamos este homenaje.
Junto con nuestros hermanos en Cristo y nuestros familiares.

Mi consejo como, madre, amiga intima tuya
Lourdes sigue buscando de Dios, sed fiel a El.
En El siempre encontraras, amor, gozo, paz y perdón
Más El es quien te ofrece la salvación.
No olvides esta porción: Sed fiel hasta la muerte
Y yo te daré la corona de la vida.

HAY QUE BUENO ES

Hay que bueno es yo alabar a Dios.
Hay que bueno es yo buscar de Dios.
El Dios de los cielos, sea la gloria y honra.
El Dios de los cielos, le doy todo honor.

El mando a su único Hijo, para salvar al pecador.
Con precio de sangre en la cruz del calvario
Pago por nosotros nuestros pecados.

Por eso yo vivo, por eso yo alabo,
Por eso yo canto, al Cristo Salvador.
Al Dios de los cielos, sea la gloria,
Honra y todo el honor.

HERMANO CRISTO TE AMA

Hermano Cristo te ama, hermano Cristo te quiere.
Hermano Cristo te salva, si tú vienes arrepentido
Y vienes con un corazón contristo y humillado.
Cristo perdona tus pecados, y te limpia toda tu alma.

Hermano conságrate a Cristo, dejando las drogas, los cigarrillos,
Licor y toda clase de vicios los cuales te llevan a la perdición.
Apártate del pecado y lleva una vida sana, y veras que estas en gracia.
Por gracia, por gracia eres salvo, por la gran misericordia de Dios.

Hermano ora noche y día, cada momento que puedas
En el trabajo, en la oficina, en la casa donde sea que tu estés.
Entre mas tú ores con un corazón sincero, mas te llena Cristo
De su Espíritu Santo, y el te guiara a toda verdad.

Hermano darle gloria y alabanza, a nuestro Salvador.
Por lo bueno que es y por rescatar tu alma.
Gracias, gracias al Cordero de Dios, que quita el pecado del mundo.

JAMAS TE DEJARE

Jamás te dejare, te lo puedo prometer
Pero nunca jamás te dejare yo de amar.
Por siempre te seguiré, hasta que tú vengas por mí.
Oh Cristo de mi vida, no te olvides de mí.

Ayúdame Jesús acerté fiel a ti
A estar en oración, esperando por ti.
Enséñame Señor amar a mi enemigo
Ayudarle a buscarte y enseñarle de ti.

Que siempre este alerta, estudiando tu palabra.
Separada del pecado, siendo luz en las tinieblas.
Brillando cada día donde quiera que me pare.
Viviendo en este mundo en espíritu y en verdad,
Hasta que tú vengas por mí.

JESUS ES EL AGUA DE VIDA

Jesús es el agua de vida, que brota para vida eterna.
Jesús es el agua de vida, que brota para vida eterna.
No la dejes de tomas si al cielo tú quieres ir.
No la dejes de tomar si al cielo tú quieres ir.

JOSHUA MI NIETO QUERIDO

Joshua mi nieto querido, tu tienes un nombre precioso
Que Dios te lo ha dado, eres una joya preciosa
Que vive en este mundo y Dios quiere que tu le sirva
En espíritu y en verdad, con Cristo tu puedes todo.

Dios te ha dado la vida y el aire que respiras para vivir
Sed agradecido, ríndete a Cristo vive para el
El perdona tus pecados y vida eterna tienes en él.

LA ROCA

Yo soy como la roca que se donde me paro.
Yo soy como la roca que se donde yo voy.
Yo he conocido a Cristo cuando andaba perdida.
Decía que lo conocía y estaba equivocada.

Ahora que lo tengo que lo conozco más.
Me he dado mucha cuenta que equivocada estaba.
Confieso ahora mismo que yo era muy pecadora.
Cristo me ha recogido en los brazos de él.

Cristo me ha enseñado lo que es el amor.
Amor verdadero que seda a todo el mundo.
Sin distinguir persona, sin distinguir la raza,
Sin distinguir tampoco ninguna humanidad.

Yo soy como la roca que se donde estoy fija.
Pisando toda iglesia buscando la unidad.

LA LENGUA NO TIENE HUESO

La lengua no tiene hueso,
Pero el cristiano se lo tiene que poner.
Porque la lengua es traicionera
Y en los problemas te quiere meter.

Si tu lengua no tiene hueso
Pídele a Jesús que te la ate
Porque si le das rienda suelta
Al cielo no te deja ir.
Porque la lengua es traicionera
Y en los problemas te quiere meter.

LAS PROFECIAS DE LA BIBLIA

Las profecías de la Biblia se están cumpliendo.
Terremotos por donde quiera, los hombres se matan unos a otros,
Esta la guerra por donde quiera y el fin del mundo se acerca.
Pobrecito de mucha gente que ha rechazado a Jesucristo.

Como único Salvador y a su palabra como lumbrera a su camino.
Vendrá sobre todos ellos como ladrón de la noche y los destruirá.
El cristiano vive alegre cuando oye las noticias.
Y decimos ven Señor Jesús, no retardes tu venida.

LA VIDA MIA

La vida mía te voy a contar, ella vivía sin paz y sin amor.
Hasta que vino Jesús mi Salvador, Jesús ha limpiado mi vil pecado.
El me ha lavado todo mi sed con su preciosa sangre.
Por eso ahora yo canto alegre y estoy viviendo mi vida feliz.
Hoy testifico al mundo entero de mi Jesús.

El dio su sangre en el calvario por todo el mundo especial por mí.
Te invito amigo, no te detengas ríndete a Jesús.
El viene pronto a buscar su iglesia que le espera en santidad.

LAS CADENAS

(2 veces) Las cadenas que me ataban, él Señor me las rompió.
Por eso puedo cantarle, aleluya gloria a Dios. (2 veces)

(2 veces) Aleluya gloria a Dios, aleluya gloria a Dios
Que bueno sentir el gozo, que Jesús a mi alma dio. (2 veces)

LAS FLORES DEL JARDIN

Las flores del jardín perfume dan
Con su olor tan grato alaban a Dios.
Y tu también y yo también alabemos a Dios.

El nos dio la vida, nos dio el perdón
Nos dio salvación en Cristo Jesús.
Tenemos vida eterna, si guardamos su palabra
Jesús es el camino, la verdad y la vida
Nadie va al Padre sino es a través de Cristo.

LA LAMPARA QUE BRILLA

(2 veces) La lámpara que brilla, que brilla más
Es la lámpara que tiene aceite de Cristo el Salvador. (2 veces)

Aceite, aceite, yo quiero aceite de Cristo el Salvador.
Espíritu Santo lléname de ti, lléname de ti, lléname de ti.
Tu eres mi aceite para yo vivir, para yo vivir, para yo vivir.

LA IGLESIA DE SEÑOR JESUS

La iglesia de Jesús es la que vive la doctrina de Jesús
Es la que se ha lavado en la sangre de Jesús
Es aquella que no vive en pecado
Es aquella que obedece el mandato de Jesús
Si me amáis guardad mis mandamientos
Es aquella que vive en los mandamientos.

Es aquella que adora a Dios en el santo séptimo día (Sábado)
Es aquella que no añade ni le quita a la palabra
Es aquella que en el nombre de Jesús hecha fuera demonios
Es aquella que sana a los enfermos y habla nuevas lengua
Es aquella que vive en santidad y su traje no tiene arruga
Esta es la iglesia que Jesús viene a buscar.

LOS FRUTOS

Los frutos del Espíritu Santo son:
Amor, gozo, paz, paciencia, benignidad,
Bondad, fe, mansedumbre y templanza.
Contra tales cosas no hay ley.

¿Quiere todas estas cosas?
Tienes que crucificar los deseos de la carne.
Tienes que vivir en espíritu y en verdad.
Una vida en total integridad y humillada,
A los pies de Jesús nuestro Salvador y Redentor.

LEVANTEMOS MANOS SANTA

Levantemos manos santas, enseñad de gratitud
Levantemos manos santas, a Cristo bendito Dios
Por su gran misericordia, que del pecado nos rescato.

Gracias al Padre, gracias al Hijo, gracias al Espíritu
Por su gran bondad, de librarnos de la condenación que vendrá.

LAS MANOS DE JESUS

Las manos de Jesús, son preciosa
El las uso en esta tierra, para ser un carpintero
También esas preciosas manos, fueron clavadas en el madero
Para derramar su sangre, por el mas vil pecador.

Gracias Jesús, gracias Jesús, por morir en la cruz, por mí
Hoy yo soy nueva criatura, porque tú me has salvado
Y me libraste del pecado, de la muerte y del infierno.
Me diste una nueva vida, para vivir para siempre.
Junto al Padre y junto a ti.

MI CORAZON ALEGRE ESTA

Mi corazón alegre esta, mi corazón alegre esta
Porque Jesús, ya me salvo
No tengo muerte, ni más pecados
Porque Jesús, su vida dio por mí.

Yo espero alegre glorioso día
En que Jesús, venga por mí.
Yo lo estoy esperando, yo lo estoy
Yo lo estoy esperando en santidad.

MADRE QUE PRECIOSA ERES

Madre que preciosa eres, Madre tu eres mi tesoro
Le pido al Señor Jesús, que te de muchos años mas de vida
Que cada día tú medes muchas carisias y besos
Eres mi madre ejemplar, le pido al Padre en el nombre de Jesús
Que te cuide y que te guarde por todo la eternidad.

MI JESUS SANA AL PECADOR

Mi Jesús sana, al pecador cuando el humilla su alma
A los pies de Cristo el Salvador, él lo perdona sus pecados y lo salva
Pasa de muerte a vida y comienza una vida nueva.
El Espíritu Santo lo guía a toda verdad
Y vivirá por siempre por la eternidad.

MI DIOS A TI CANTO ESTA ALABANZA

Mi Dios a ti canto esta alabanza
Mi Dios porque me has hecho feliz
Mi Dios eres lo único que tengo
Mi Dios sin ti no puedo vivir.

Mi Dios recuerdo, cuando estaba en pecado y en maldad
Viniste tu a rescatarme y me traistes la paz.
Paz, gozo y esperanza, en este mundo de maldad.

Gracias yo te doy mi Jesús, gracias por morir por mí
Porque cuando yo estaba perdida, tu viniste y me salvastes.
Tu sangre preciosa, lavo mis pecados y la paz me distes a mi.

Buscaré siempre agradarte, mi Jesús
Te seguiré siempre con humildad
Hablándole a las almas de tu amor y tu bondad.
Que tú pagaste con precio de sangre, por cada uno de nosotros
Nuestros pecados y que en ti solo hay salvación.
Porque no hay otro nombre en que podamos ser salvo.

MADRE TE QUIERO DECIR

Madre te quiero decir, que te quiero mucho, mucho cada día
Gracias le doy a mi Dios, porque me hizo nacer de ti
Pido a mi Dios cada día, que te de paz, gozo y vida a ti
Sigo orando a mi Dios, por ti madrecita querida
Que Cristo te salve y te de la vida eterna.

MAMA MIA

Madre mía yo te quiero y por ti iré cantando
Porque tu me has enseñado lo que contiene la vida.
Madre mía, le pido a Jesús, que te de largos años mas de vida.

Mamita tiene muchos hijos, todos la adoramos
Porque ella siempre abelado por nosotros noche y día.
Si algún día nos faltara, no se lo que pasaría
Es mejor no pensar en eso, Dios mió guárdala
Y dale muchos años más de vida.

MI QUERIDA NIETA JASMINE

Jasmine tu eres una joya, que Dios me ha regalado
Eres preciosa, eres amable, eres un tesoro que vale más que el oro.
Yo le doy gracias a Jesús, porque el te a salvado.
Espero que sigas hacia delante adorándole en espíritu y en verdad
Viviendo en sus mandamientos y adorándole en el día sábado
Que es el único día santo, que el Padre santifico
Porque es la conmemoración de todo lo que el creo.

Jesús es el camino la verdad y la vida
No hay otro nombre en que puedas tu ser salva
El te dará la vida eterna, si tu sigue en su camino
Obedeciendo su doctrina que es la palabra del Padre
Que Jesús trajo entendimiento para todos nosotros.
Para que nos apartemos del pecado y vivamos en santidad.

NO LE DIGA QUE NO

No le diga que no, no le digas que no, recibe a Cristo en tu corazón
Recibe a Cristo, recibe a Cristo y el gozo tendrás.

El es la paz y felicidad, recibe a Cristo y la obtendrás
El es la paz y felicidad, recibe a Cristo y la obtendrás.

NO TEMER A MI CORAZON

Lo que el Padre estableció desde el principio
Desde Génesis asta Apocalipsis, su hijo nos trajo entendimiento
Así lo dice en Juan 7. 16 y 17; mi doctrina no es mía,
Sino de aquel que me envió. El que quiera hacer la voluntad de Dios
Conocerá si la doctrina es de Dios, O si yo hablo por mi propia cuenta.
Aunque un ejército, se levante contra mí
No temerá mi corazón, aunque contra mí
Se levante guerra, yo estaré segura en mi Jesús.

Yo como sierva de Dios, reconozco que la doctrina es de Dios
Es la que el Padre estableció, se que el Hijo ha venido y nos trajo
Entendimiento. Esto nos dice en primera de Juan 5.20; Pero sabemos
Que el Hijo de Dios ha venido, y nos ha dado entendimiento
Para conocer al que es verdadero; y estamos en el verdadero,
En su Hijo Jesucristo, Este es el verdadero Dios y la vida eterna.
Cristo nos dice en Juan 14. 15 Si me amáis guardad mis mandamientos.
Así que mis amigos y hermanos queridos, es un mandato de nuestro Salvador
De que ustedes y yo guardemos los mandamientos porque es un requisito
Para entrar a la vida eterna. Hay que obedecerlos, hay que vivirlos
Y separarse el día sábado para adorar a Dios, como el padre lo estableció.

OYE MI HERMANO

Oye mi hermano, si tienes problemas de persecución
No mires a los hombres no les hagas caso
Mira a Jesucristo que es tu redentor.

El merece honra y tu adoración
Porque te ha salvado de la condenación.
Mantente firme y hacia delante, no mires hacia tras
Jesús viene pronto y la recompensa él te dará.

OH MI HERMANO

OH mi hermano, no estés enojado, dice el Señor.
Como Dios te perdono tienes que perdonar
Así lo dice la palabra de Dios.

Setenta veces siete, setenta veces siete, setenta veces siete
Tienes que perdonar, como Dios te perdono, tienes que perdonar
Así lo dice la palabra de Dios.

PASAN LOS DIAS

Pasan los días, pasan las horas, a Jesús yo alabare
El prometió salvarme a mí,
Si yo le sigo en espíritu y en verdad.

Pronto vendrá, pronto vendrá
A buscar su pueblo que le espera en santidad
Y yo le esperare y yo le esperare viviendo en santidad.

PENSANDO EN TI SEÑOR

Pensando en ti Señor, estoy en este día
Pensando que tu vienes, a levantar la iglesia
Yo deseo estar preparada el día que tú vengas.

Te pido hoy Señor que tu me fortalezca
Fortalece mi alma, fortalece mi espíritu
Y lléname de fe que tu Espíritu Santo
No se aparte de mi, dame entendimiento
De tu santa palabra para yo vivir aquí.

Que ore noche y día, que siempre este contenta
Cantando himnos y salmos alabándote a ti.
Prepárame Señor para ese precioso día
Del sonido de la trompeta y me lleves con tigo
A la nueva Jerusalén.

POR GRACIA SOY SALVA

Un día estaba yo muerta en pecado
Y vino Cristo me dio salvación.
Por gracia, por gracia soy salva
Por la gran misericordia de mi Dios.

Yo espero el día glorioso
Que en las nubes Cristo vendrá
A buscarme a mi si le espero en santidad.

Yo me voy con él a morar en el cielo
Viviré con él por toda la eternidad.
Por gracia, por gracia soy salva
Por la gran misericordia de mi Dios.

PORQUE NO ME AVERGUENZO

Porque no me avergüenzo del Evangelio
Porque es poder de Dios
Si me avergüenzo del Evangelio
No tendré parte en las mansiones de Dios.

Ven pecador acepta a Jesús, él te dará el perdón
Síguele en espíritu y en verdad
Y él te dará el Consolador.
Y vivirás con gozo y alegría asta que él venga por ti.

PARA LLEGAR AL CIELO

Para llegar al cielo, tu nesecita aceptar a Jesucristo
Apartarte del pecado y vivir en santidad. (2 veces)

Jesucristo es la salvación para el mundo entero
Para aquellos que obedecen lo que él mando
Si me amáis guardad mis mandamientos
La vida eterna es para los obedientes
Para aquellos que le buscan en espíritu y en verdad.

PRONTO VIENE JESUS

Pronto viene Jesús, aleventar su iglesia
Que le espera en santidad.
Prepárate, prepárate, que Cristo viene ya
El viene en las nubes y todo ojo le vera.

Le vera, le vera todo ojo le vera
Le vera, le vera todo ojo le vera.
Le vera, le vera, le vera, le vera todo ojo le vera.

PADRE, HIJO Y ESPIRITU SANTO

Padre, Hijo y Espíritu Santo los tres fortaleza nos dan
El Padre crea, él Hijo redime
El Espíritu Santo nos guía a toda verdad.

Demos gloria y alabanza por su infinita bondad
Gloria, a Dios, gloria, a Dios
Por su misericordia y su infinita bondad.

PALABRA DE DIOS

Palabra de Dios, palabra de vida eterna
La que nos enseño Jesús, él nos trajo entendimiento
Y nos dice claramente en Juan capitulo 17 en el versículo 3
Y esta es la vida eterna: que te conozcan a ti, el único Dios verdadero,
Y a Jesucristo, a quien has enviado.

El nos dice en su palabra: Si me amáis guardad mis mandamientos
Hay que obedecer a Jesús y seguirle en espíritu y en verdad
Si queremos obtener la vida eterna.

Amigo y hermano sed obediente a la ley de Dios que es parte de la palabra
No le quites ni le añada a la palabra de Dios
Adora a Dios, en su santo día séptimo como dice la palabra
Este es el día que Jehová descanso y lo declaro santo
El séptimo día es el único día santo. (Sábado)
Viras eternamente si eres obediente a la palabra de Dios
La cual Jesús nos trajo el entendimiento.

PODEROSO Y GRANDE

Poderoso y grande es mi Salvador
Todas las batallas él las ganara
Yo sigo adelante y no temeré
Jesús esta con migo y él las ganara.

Se repite

QUISIERA QUE EL MUNDO ESCUCHARA

Quisiera que mundo escuchara lo que le voy a decir
Este mundo esta perdido tiene la pena de muerte
Porque ha seguido su camino como un rió atorrecente
Sigue, sigue así adelante cayendo más y más
Esta ya por desbordarse y quedar sin correr más.

Muy pronto él Señor Jehová derramará de su ira
Para aquellos que andespreciado a Jesucristo él Salvador
Si tu a mi me estas escuchando y no te has arrepentido
Ven a Cristo ahora mismo porque los tiempos anuncian
Lo que la Biblia tiene escrito y el que no esta en santidad
Y su traje tiene arruga este no se va con Cristo.

Así que arrepiéntale ya busca la paz con todos
Y la santidad sin la cual nadie entrara a la vida eterna.

¿QUIEN ES JESUS?

¿Quién es Jesús? Jesús es el humilde,
El huérfano desamparado, el cojo
El ciego, el hambriento, el enfermo,
La viuda desamparada, el pecador agobiado.

Digo esto es Jesús, porque para ellos él vino
El vino haciendo el llamado a este mundo pecador
Jesús dijo: Yo soy el pan de vida; el que a mi viene,
Nunca tendrá hambre; y el que en mi cree, no tendrá sed jamás.

En la casa de mi Padre muchas moradas hay, voy pues a preparar lugar
Para vosotros. Y si me fuere y os prepare lugar, vendré otra vez y os
Tomare a mi mismo, para que donde yo estoy vosotros también estéis.
Así que todo aquel que viene a Cristo pide perdón y se arrepiente
Y se aparta del pecado Cristo le da gozo, paz, felicidad
Pasa de muerte a vida y vida eterna tiene en Cristo.

¿QUIEN SOY YO?

Soy Pentecostal porque creo en el derramamiento del Espíritu
Santo
El Espíritu Santo nos guía a toda verdad
El Espíritu Santo es nuestro consolador y nuestra fortaleza.

Soy Católico porque católico significa universal
Soy Carismático porque carismático significa dones que Dios me
ha dado
Soy Jesuita porque creo en Jesucristo
Que murió y resucito de los muertos para darnos salvación.

Porque no hay otro nombre dado a los hombres en que podamos ser
salvo
Jesucristo hombre
Soy testigo porque Cristo dice en su palabra
Vosotros seres mis testigo en Jerusalén en toda Judea
En Samaria y hasta lo ultimo de la tierra.

Soy testigo del poder de Dios por las maravillas que él ha hecho en
mí
Por esto le predico a Pentecostales, Católicos, Carismáticos,
Jesuitas Solos, a Testigos de Jehová y a todas las religiones
Que Cristo salva, sana y viene y que hay que vivir en santidad
Que aquellos que no se están guardando en su sangre y son
desobediente

A su palabra y a los mandamientos como esta escrita no se van con él

Por rechazar la palabra De Dios, en la palabra de Dios hay vida

Jesús nos dice. Erráis ignorando las Escritura y el Poder de Dios.

QUIERO SERVIRTE

Quiero servirte Señor Jesús, quiero servirte
Quiero servirte en espíritu y en verdad
Limpia mi alma, limpia toda mi sed
Limpia mi boca de mentira y de engaño
Limpia me toda que yo viva en santidad.

Que cuando vengas a buscar tu iglesia
Yo este contenta viviendo en santidad. (3 veces)

QUIERO DESIRTE AMIGO

Quiero decirte amigo, que la paz de Cristo
La que reina en mi, es la que tu nesecita
Para ser feliz, la paz que el mundo no puede dar
Cristo te la da si le sigue en espíritu y en verdad.

OH amigo, amigo mió, no tarde en recibir a Cristo
Que el murió por ti y por mi
Hoy sus brazos están abiertos, en la cruz del calvario
Derramando sangre por ti y por mí.

Sangre preciosa, de mi Salvador
Nos sana y nos limpia de todo pecado
Cristo nos perdona y vida eterna tenemos en él.

QUE TRISTEZA ME DA

Que tristeza, al ver algunos hermanos
Afanados en la vida, que ellos llevan
Dicen yo soy Cristiano, oro ago lo mejor que puedo
Dios siempre me ayuda.

Que equivocados están, estos hermanos
Satanás los tienen siego. En los afanes de la vida
Trabajan más de ocho horas, los seis días de la semana
Sábado también trabajan, dicen que es para pagar las cuentas.

El dios de estos hermanos, es el dios de don dinero
Que a Satanás ellos adoran, por medio de su trabajo

Satanás con mucha astucia, le ha enseñado a robar
El tiempo que ellos sacaban, para su Dios adorar.

Con mucha astucia les dice, no pagues diezmos y ofrenda
Porque el dinero que tu ganas, no te da para pagar las cuentas
Que equivocado están estos hermanos,
Si siguen en ese camino el infierno los espera.

Hermanos arrepientecen, pidan perdón a Cristo
Saquen el tiempo del Señor, den sus diezmos y sus ofrendas
Comprometacen con Cristo, en espíritu y en verdad
Vivan una vida correcta, viviendo aquí en santidad.

Cuando hagas todo esto, que salga del corazón
Cristo a ustedes les dará salvación y vida eterna.

RAYITOS DE LUZ

Nosotros somos niñitos Cristianos, Los cuales creemos en Cristo Jesús
El nos ha hecho rayitos de luz, por el mensaje de la salvación
El ha lavado nuestros pecados, por su sangre derramada en la cruz.
Coro
Somos, somos rayitos de luz, por la salvación que Cristo nos dio
Somos, somos rayitos de luz, porque predicamos de Cristo Jesús.

SEÑOR JESÚS

Señor Jesús yo se que tu me quieres
Que me has llamado a tu mesa y me has perdonado
Porque tú eres un Dios Santo, eres todo, todo amor
No se porque yo te ofendo, mientras tu me das perdón
Un perdón lleno de gracia que tú derramas en mí
Cada vez que yo me humillo, obtengo perdón de ti.

Señor Jesús, hoy yo vengo arrepentida
Porque conozco lo mucho, lo mucho que tu has sufrido
Yo estoy dispuesta a seguirte, por toda la eternidad
Testificándole al mundo entero, Cristo vive en la humanidad
Y seguiré yo testificando Cristo vive, Cristo vive
El me tiene reservada toda la felicidad
Si yo sigo su camino con ideal de santidad.

¿SEREMOS TODOS HIJOS DE DIOS?

Todo el mundo dice, que son hijos de Dios
Y yo les testifico que no todos son hijos de Dios
Que son Criaturas de Dios, porque Dios ha Creado todo.

Porque para ser hijos de Dios, tiene que nacer de nuevo
Del agua y del Espíritu, y esto se obtiene aceptando a Jesucristo
Jesucristo es el único Hijo de Dios, que vino a la tierra
A reconciliar al hombre con Dios.

El hombre es alma muerta, en sus deleites y pecados
Al aceptar a Jesucristo, él lo perdona y pasa de muerte a vida
Las cosas viejas pasaron, he aquí todas son hechas nuevas
Nueva criatura son en Cristo nuestro Salvador.

SI CRISTO SE LEVANTO

Si Cristo se levanto, dejo la tumba vacía
El es la resurrección, que predico Isaías
Jesús murió en la cruz y llevo nuestros pecados
Tres días estuvo enterado, dejo la tumba vacía.
Coro
Tres días estuvo enterado, dejo la tumba vacía
Tres días estuvo enterado, dejo la tumba vacía
Tres días estuvo enterado, dejo la tumba vacía.

SIN SANTIDAD

Sin santidad nadie vera al Señor
Pero yo se que le veré, y en su sangre me santificare.
Sin santidad nadie vera al Señor
Pero yo se que le veré, y en su sangre me santificare.

Los hechiceros, los mentirosos, los fornicarios
Los envidiosos, los hipócritas y los idolatras
Tendrán su parte en el lago de fuego.

Coro
Sin santidad nadie vera al Señor
Pero yo se que le veré y en su sangre me santificare.
Sin santidad nadie vera al Señores
Pero yo se que le veré y en su sangre me santificare.

Oye mi amigo tú que me escucha, lee la Biblia y ven a Jesús
Órale y pídele que te perdone y te de la santidad
Para poder tu sobre vivir.

Coro

SOLO CRISTO SATISFACE

Solo Cristo satisface, mi transito corazón
Gozosa Cristo me hace, por su eterna redención
En las pruebas y en las luchas, Cristo a mi lado esta
El pelea mi batalla, y victoria él me dará.

La victoria es segura, con Cristo él Salvador
Si yo obedezco su palabra y los mandamientos que él dejo
Jesús nos trajo entendimiento de lo que él Padre estableció
Sean Judíos, sean Gentiles todos tenemos que obedecer a Jesús
Y al Padre si amamos a Jesús, tenemos que guardad los
mandamientos.

Esta es la ley de Dios y todos vamos a ser juzgado
Por la ley de la libertad que es lo que Jesús enseño.
Jesús nos trajo entendimiento para que conozcamos al Padre.

SOY NUEVA CRIATURA EN CRISTO

Soy nueva criatura en Cristo, se acabaron mis problemas
Lla paso pues la tormenta, lla paso todas las pruebas
Nuevas fuerzas tengo en Cristo, para seguir hacia delante.

Atando y echando afuera, el espíritu de desanimo
Atando y echando afuera, el espíritu de depresión
Atando y echando afuera, la tristeza y el dolor
Soy libre en el nombre de Jesús.
Gozo y paz tengo en mi alma, de Cristo mi redentor.

SOLAMENTE UNA VEZ

Solamente una vez, yo fui llamada por Jesús el Salvador
En la cruz del calvario el derramo su sangre, por todo pecador
Fue mi Jesús que me dio la salvación, él me ha dado vida eterna
Y en Mansiones Celestiales viviré con él
Si yo sigo su camino con ideal de santidad.

TE QUIERO

Te quiero, te quiero mi Jesús
Te nesecito para vivir, no me dejes sola
Llena tú mi alma de tu gran poder.

Por siempre, por siempre yo te alabare
Por siempre, por siempre yo te seguiré
Hasta que de mi vida llegue el fin.

TE QUIERO DECIR

Te quiero decir que te amo a ti, con toda mi alma
Que tú eres para mi, mi único amor mi Dios de los cielos
Por siempre estaré esperándote a ti, que venga por mí
Mi Cristo amado ven pronto por mi yo te estoy esperando.

Estaré contenta orando y cantando, esperando por ti
Las noches y días estaré esperando en plena comunión
Para el día que tú vengas me encuentre preparada
Y me lleves con tigo a la vida eterna a la celestial mansión.

TITO MI HIJO AMADO

Tito mi hijo amado, cuanto te amo
Quiero decirte mi hijo, que siempre estoy orando por ti
Pidiéndole al Dios del cielo, que te cuide y que te guarde
Cristo siempre esta a tu lado, en esa guerra de Irak.

El siempre te ha protegido, porque Cristo escucha el ruego
De tu mamá la sierva de él, la victoria tú tendrás
Y muy pronto vendrás sano y salvo
Humíllate a Cristo sírvele en espíritu y en verdad
Y vida eterna tendrás en él.

TRISTE Y ANGUSTIADA

Triste y angustiaba caminaba, el dominio del pecado me segaba
No sentía ni padecía, me dejaba llevar por las corrientes del mundo
Pecados y mas pecados, orgullo, vanidad, celos
Contienda, enojo y mentiras los deleites placenteros de este mundo.

Entre mas yo me gozaba en los placeres del mundo, mas vacía me sentía
Mi alma estaba muerta en deleites y pecados
Gracias yo le doy a Cristo, porque a mi me ha salvado
Perdono todos mis pecados y mi alma ha rescatado.

Hoy puedo testificar al mundo que nueva criatura soy
Las cosas viejas pasaron he aquí todas son hechas nuevas
Por la sangre del cordero que en la cruz murió por mí
En Cristo tengo la paz, tengo gozo y santidad
Y pronto él me dará vida eterna, allá en el cielo.

TODO LO PUEDO EN CRISTO

Todo lo puedo en Cristo, que me fortalece
Todo lo puedo en Cristo que me fortalece.

Fortalece mi alma, fortalece mi espíritu
Fortalece mi cuerpo, todo lo puedo en Cristo.
Fortalece mi alma, fortalece mi espíritu
Fortalece mi cuerpo, todo lo puedo en Cristo.

TODO LO QUE TENGO

Todo lo que tengo, se lo debo, a mi Dios
Se lo debo a mi Dios, se lo debo a mi Dios.
Todo lo que tengo se lo debo a mi Dios
Se lo debo a mi Dios, se lo debo a mi Dios.

Yo tengo gozo, se lo debo a mi Dios
Yo tengo vida, se lo debo a mi Dios
Yo tengo paz se lo debo a mi Dios.

Coro
Todo lo que tengo, se lo debo a mi Dios
Se lo debo a mi Dios, se lo debo a mi Dios
Todo lo que tengo, se lo debo a mi Dios
Se lo debo a mi Dios, se lo debo a mi Dios.

TU ERES MI VIDA

Señor Jesús, tu eres mi vida
Tú eres mi amor, tú eres mi tesoro de salvación
Oh cuanto amor, tu derramas en mi corazón
Tú has salvado mi alma de la condenación.

Yo te doy gracias y vivo siempre agradecida
Y quiero siempre alabarte con alma, vida y corazón
Hasta que tú vengas por mí.

TU PUEBLO

Tu pueblo será mi pueblo
Tu Dios será mi Dios
Por eso canto en mi alma
Con todo mi corazón.

Tu pueblo será mi pueblo
Tu Dios será mi Dios
Por eso canto en mi almas
Con todo mi corazón.

Se repite

UNA VEZ ANDUVE YO PERDIDA

Una vez anduve yo perdida en el pecado
Caminaba sin esperanza y sin fe
Vivía en esta vida triste y desconsolada
Hasta que un día vino Cristo y me rescato.

Este Cristo bueno, este Cristo amado
Que se dio en la cruz y derramo su sangre
Por el más vil pecador.

Gracias a él, hoy yo canto alegre
A dios la tristeza, a dios el dolor
Hoy vivo alegre, por mi Salvador
A él sea la gloria y todo el honor.

UN MILAGRO SEÑOR

Un milagro Señor ha hecho en mi vida
Tú has salvado mi alma cuando andaba perdida
Por eso te alabo, por eso te adoro
Porque tu Señor has transformado mi vida.

En los días claro, en los días turbios
Tu estado con migo fortaleza mía
Yo te alabare en todos los días
Gracias yo te doy por ser mi refugió.

VEN JESUS

Ven Jesús, deja que tú presencia este en mí
Deja que tu Santo Espíritu llene mi sed
Yo soy tu templo Jesús
Yo Quero hacer tu voluntad.

Guía me por tu senda de tu amor
Y que tu paz reine en mi alma
Hasta que tú vengas por mí.

YO ME LEVANTARE

Yo me levantare, yo me levantare
Cuando suene la trompeta, yo me levantare
Cuando Cristo venga en gloria, Cara a cara le veré
Yo me levantare y me iré a morar con él.
Se repite

YO SIENTO EL PODER

Yo siento el poder del Espíritu Santo
Que me esta quemando todo mi sed
Lo siento, lo siento, lo siento dentro de mi corazón.

Yo siento al Padre, yo siento al Hijo
Yo siento al Espíritu en mi corazón.
Yo siento al Padre, yo siento al Hijo
Yo siento al Espíritu en mi corazón.

YO PREDICO LA DOCTRINA DE JESUS

Yo predico la doctrina de Jesús
Jesús nos trajo el entendimiento
Jesús nos dice: Si me amáis guardad mis mandamientos
Estos son los que el Padre estableció
Para que su pueblo le obedeciera.

Hoy día por gracia somos salvo
Si obedecemos a Jesús. Jesús nos ordeno
Y nos dice: Si me amáis guardad mis mandamientos
Esto quiere decir: no se aparten de los mandamientos.

Porque cualquiera que guardare toda la ley
Pero ofendiere en un punto, se hace culpable de todos
Ahora bien si no cometes adulterio pero matas
Ya te has hecho transgresor de la ley.

Hoy día todos los que no guardan el santo
Séptimo día (Sábado) es un transgresor de la ley de Dios
Y no esta obedeciendo a Jesús, porque él nos dio un mandato
Si me amáis guardad mis mandamientos.

Todos serán juzgados por la ley de la libertad
Mas el que mira atentamente en la perfecta ley

La de la liberta, y persevera en ella
No siendo oidor olvidadizo, sino hacedor de la obra
Este será bienaventurado en lo que hace.

YO SOY LA VID VERDADERA

Yo soy la vid verdadera, mi Padre es el labrador
Yo soy la vid verdadera, mi Padre es el labrador.
Todo pámpano que en mi no lleva frutos
Será cortado y echado al fuego.
Todo pámpano que en mi no lleva frutos
Será cortado y echado al fuego.

YO QUIERO ENTRAR

Jehová yo quiero entrar a tu tabernáculo
Limpia mi alma, limpia mis manos
Refrena mi lengua dame un corazón puro.

Que mi boca cante alabanza y te glorifique a ti
Que mi vida sea transformada obedeciéndote a ti
Que la paz reine en mi y que viva en santidad
Hasta el día que Jesús venga a levantar su iglesia.

YO TENGO GOZO

Yo tengo gozo, yo tengo paz
Es mi Jesús quien me la da
Yo tengo gozo, yo tengo paz
Es mi Jesús quien me la da.

Aleluya al cordero de Dios
Que quita el pecado del mundo
Aleluya, aleluya, aleluya a mi Jesús.
Aleluya, aleluya, aleluya a mi Jesús

www.ingramcontent.com/pod-product-compliance
Ingram Content Group UK Ltd.
Pitfield, Milton Keynes, MK11 3LW, UK
UKHW020134250726
13967UKWH00002B/651